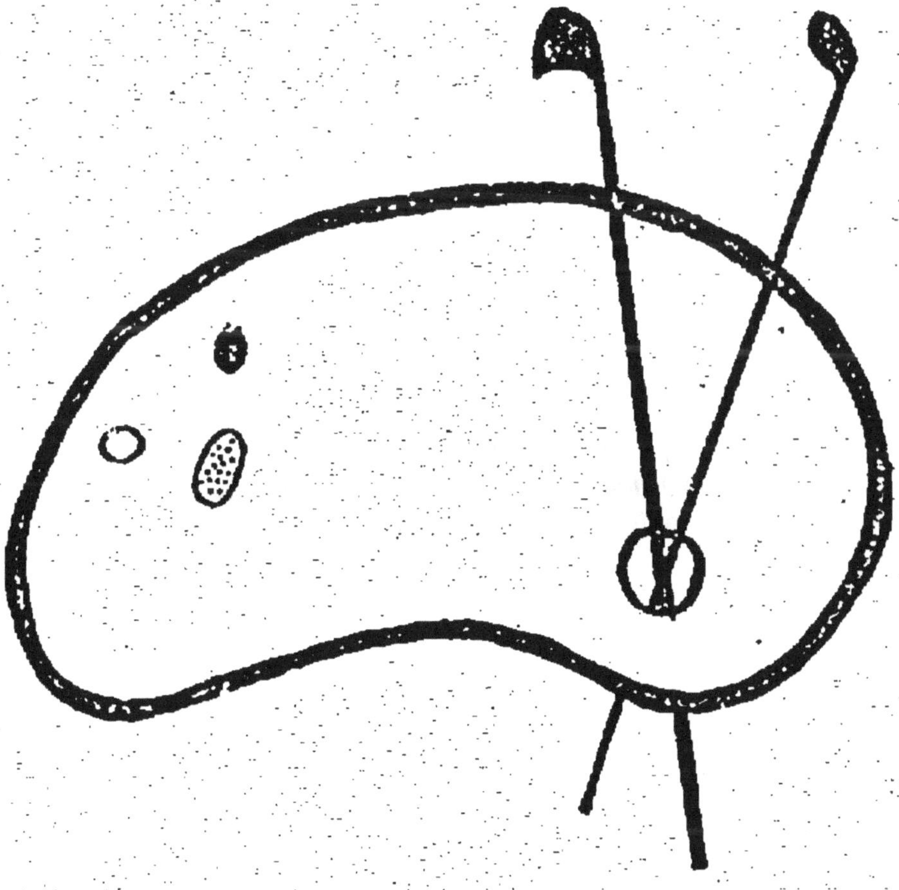

DEBUT D'UNE SERIE DE DOCUMENTS EN COULEUR

CURIEUX DÉTAILS

SUR LE

SIÉGE DE LA RÉOLE

EN 1562

par

D.-A. VIRAC

Membre de la Commission des Monuments et Documents
historiques de la Gironde.

BORDEAUX
TYP. Ve JUSTIN DUPUY & COMP.
rue Gouvion, 20

1867

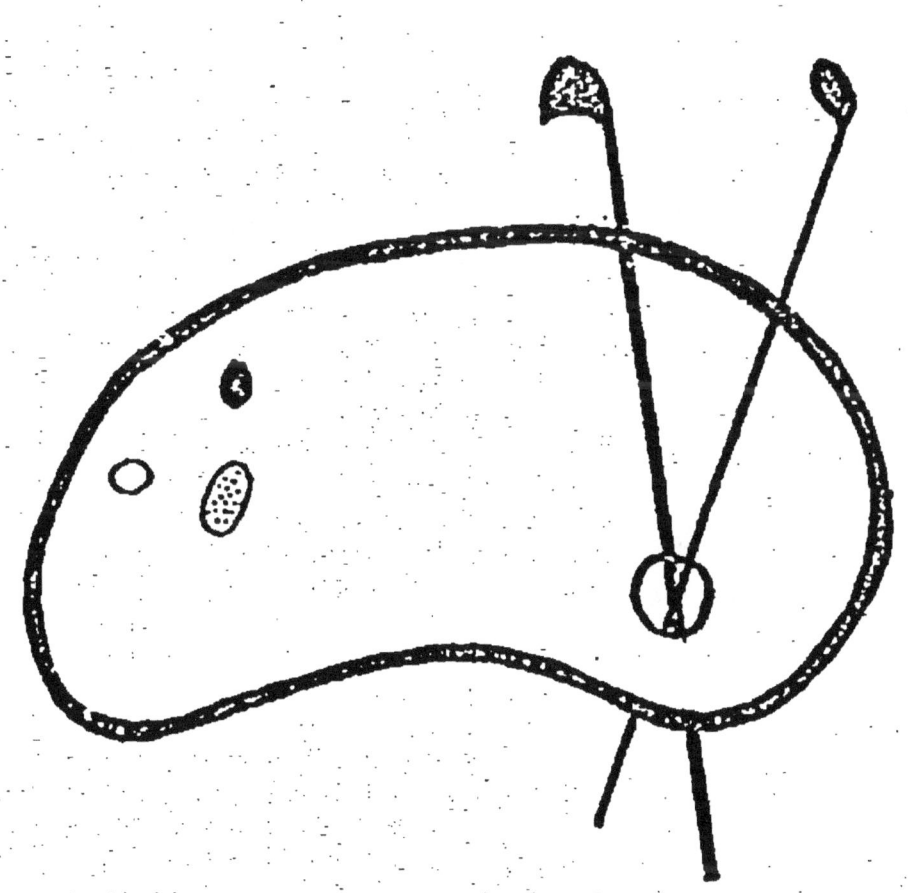

FIN D'UNE SERIE DE DOCUMENTS
EN COULEUR

CURIEUX DÉTAILS

SUR LE

SIÉGE DE LA RÉOLE

EN 1562

par

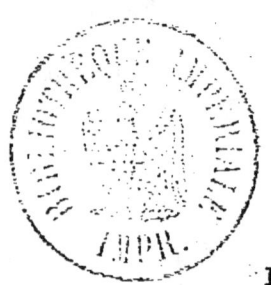

D.-A. VIRAC

Membre de la Commission des Monuments et Documents
historiques de la Gironde.

BORDEAUX
TYP. V° JUSTIN DUPUY & COMP.
rue Gouvion, 20

1867

CURIEUX DÉTAILS

SUR LE

SIÉGE DE LA RÉOLE

EN 1562

On sait comment se forma la petite armée de huguenots commandée par Symphorien de Duras en l'année 1561 et quelles furent, en Guienne, la plupart des opérations militaires de ce chef redoutable, jusqu'à ce que Monluc, après l'avoir battu à Targon au mois de juillet 1562, le défit entièrement à Vergt, en Périgord, au mois d'octobre suivant; mais, pour le siége que vint mettre Duras devant La Réole, on manquait de renseignements, et si les déclarations de Seguin et de du Faigna n'eussent été publiées (a), on aurait bien été obligé de s'en tenir à l'intéressante, quoique trop concise mention qu'en a faite M. Dupin dans sa *Notice historique sur La Réole*, pag. 51. « En 1562, dit cet estimable auteur, un
» corps considérable de huguenots tenta de s'em-
» parer de La Réole. Trois machines de guerre
» et quelques pièces de campagne battaient les
» murailles. Les habitants réunis à deux compa-
» gnies de nouvelle formation, commandées par
» M. d'Eymet, cousin du maréchal de Monluc, qui

(a) Ces déclarations viennent d'être, sur notre communication, insérées en leur entier dans le VIIIe volume des *Archives historiques de la Gironde*, p. 46 à 93

» s'était jeté dans la place sous la promesse de
» celui-ci de venir à son secours, se défendirent
» avec un courage et une intrépidité héroïques.
» Informés de l'approche de Monluc et rebutés de
» l'inutilité de leurs efforts, les huguenots furent
» forcés de lever le siège après avoir perdu bon
» nombre d'hommes. » La perte du registre des
délibérations du corps de ville correspondant à
cette époque, n'avait pas permis à M. Dupin d'en
dire davantage et dans les *Commentaires de Monluc*, il n'avait pu se renseigner plus amplement.

Les déclarations qui viennent d'être publiées, ajoutent donc beaucoup à ce que nous savions sur le siége de La Réole ; mais, indépendamment de ce que la lecture de ces déclarations est fort peu attrayante, l'inscription des diverses dépenses faites par les jurats paraît avoir eu lieu, le plus souvent, lors du payement effectif des dépenses et non le jour même de leur exécution, ce qui empêche de retrouver dans les états de celles-ci un ordre chronologique très exact. Nous avons, en conséquence, groupé le plus grand nombre d'articles de ces états par natures de dépenses, et nous les avons classés, si non par ordre de date, du moins en évitant, autant que nous avons pu, les anachronismes les plus évidents.

Ce travail rendra plus intelligibles les deux documents que la Société des archives a imprimés dans son recueil et il facilitera l'étude du siége auquel ils ont rapport.

I.

Les habitants de La Réole eurent de sérieuses craintes tant, dès les premiers mouvements de l'armée de Duras (*a*) que pendant et après le siége mis par cette armée devant leur ville ; aussi voit-on les jurats écrire à M. de Termes (*b*), à Aiguillon, pour lui demander des renseignements et lui

---

(*a*) Symphorien de Duras, tué à Orléans, en 1553, par la chute d'une pierre qui se détacha de la tour au pied de laquelle il se trouvait

(*b*) Paul de Labarthe de Termes, mari de Marguerite de Saluces, maréchal de France en 1558, mort en 1562.

en donner (47) (*a*); à M. de Roquebrune (*b*) dans le même but (75) et celui-ci leur répondre que les huguenots étaient à la Grassy, près de la ville de Duras (59); à Eymet (*c*) pour que celui-ci vienne à leur aide (47), et aux jurats de Saint-Macaire dont ils attendaient quelques secours. (51). Ils avaient, en outre, dès le 15 décembre 1561, députe Rivière auprès de Burie, lieutenant de roi de la province (*d*), pour qu'il voulut bien leur permettre *d'avoir force*, tant dans le château que dans la ville parce que *ceux de la religion*, ainsi qu'on appelait alors les protestants, leur faisaient des menaces (67).

II.

Pour leur sureté, les Réolais se livrent aux travaux de défense suivants ou les font exécuter.

On abat le tap qui est derrière le château (64), et on ferme la brèche qui est près de celui-ci (73). La porte du Figuey est réparée et on y place une grande barre de fer (64, 72, 77). Les portes en bois du Sault, de Sainte-Colombe, de la Porte-Pinte et du Turon sont refaites (79). Toutes les portes sont renforcées avec de la terre (75). On répare les murailles de la tour du Courneau (*e*) et on y fait une porte et un *sellier* (73). Le pont de la porte de Gironde est dressé (65); celle-ci est murée (82); il en est de même de deux créneaux de la maison de ville, près de cette porte (84) (*f*). Au Martouret, on défait le tap ou

---

(*a*) Les chiffres placés ainsi entre parenthèses, indiquent les numéros des pages du VIII° volume des *Archives historiques*.

(*b*) Probablement le commandeur de l'Ordre de Malte, à Roquebrune.

(*c*) François de Pellegrue, seigneur d'Eymet et de Cambes, cousin de Monluc, comme fils de Galienne de Monluc, dame de Cambes.

(*d*) Charles de Coucy, seigneur de Burie, mort en 1565.

(*e*) Cette tour s'appelait aussi la tour de *Brodequin*; elle faisait partie de la troisième enceinte et était située au lieu où est aujourd'hui le jardin Saint-Mézard (Notes inédites de M. Dupin.)

(*f*) Par *maison de ville* on doit entendre une maison appartenant à la Ville, mais non l'*Hôtel-de-Ville*, la *maison commune*, qui était assez loin de là, à la halle actuelle.

carnet de pierre-fitte (*a*) existant au droit de ce quartier, et cela pour que les huguenots ne puissent y établir d'embuscades (82); on abat, pour le même motif, les aubarèdes qui sont au même lieu (52); on pose des barres de fer à la pompe (64, 69); la voûte de la porte est réparée (69); on établit un pont-levis (66), et, enfin, on mure la porte (83). Des créneaux et des canonnades sont pratiquées derrière le couvent des *Frères Menuts* (77) (*b*). Au Cugey, on coupe les arbres, on abat les taps et on comble les fossés (76, 83); on exhausse une partie de la muraille et on en répare une autre partie; on établit d'autres créneaux (73, 75); on arrange les échelles (53); le pont en planches, établi sur le ruisseau, est réparé (75); un pertuis est fermé (65) et la *moliasse* (*c*) est détruite (75). La tour du bourreau est réparée (*d*); elle est recouverte et on y place de l'artillerie (53, 59, 76). La porte de Vidauco est l'objet d'un guet particulièrement signalé. (79). La porte de Saint-Martin est réparée en grand (53, 91); on y fait des boulevards et une voûte (59, 77); on y établit un portanet (58); on y emploie beaucoup de pierres, notamment des doublerons, des queyrons (*e*) et celles provenant de

---

(*a*) Les monuments de ce genre sont excessivement rares et il est bien regrettable que celui du Martouret, à La Réole, ait ainsi été détruit. Il en a cependant été découvert quelques-uns de nos jours, notamment par MM. Jouannet, Dubroca et Emile Amé. (*Actes de l'Académie de Bordeaux*, année 1839, p 88. — *Rapport de la Commission des Monuments historiques de la Gironde*, fascicule I, p. 29. — *Bulletin des Comités historiques*, avril 1859, p 99.)

(*b*) Le mot gascon *menuts* désignait l s religieux de Saint-François, plus tard appelés les *Cordeliers*; *los frays menuts*, *los frays menors*, signifiaient les frères les plus humbles, les menus, les mineurs.

(*c*) Moulin à eau.

(*d*) C'était un bastion, aujourd'hui démoli, de la IIIe enceinte. Le bourreau y habitait : de là, sa dénomination.

(*e*) Les queyrons étaient des pierres de taille, d'où vient la dénomination de Queyries, donnée à la plaine située au pied du Cypressat, à Cenon, de même qu'au quartier qui s'est formé à La Bastide, en aval du pont, et vient d'être réuni à Bordeaux. (Baurein. *Variétés bordelaises*, tome V, p. 157 à 168. — M Marionneau, *Description des objets d'art des édifices publics de Bordeaux*, p. 275.)

la démolition de la chapelle de la Recluse (56, 57, 59, 88, 89, 91); la grande pièce de *canon d'artillerie* est placée tout près (92); enfin, on mure cette porte (73). On répare bien aussi la porte du port Soubiran; on en exhausse les murs (65), et pour se procurer de la pierre, on démolit un boulevard (75); on répare le *chapeau* de la même porte pour y placer des sentinelles (66) et on renforce celle-ci avec de la terre (85); on y place des pièces d'artillerie, des pétards entre autres (65); on la *bardisse* et on la *baranconne* (73). La porte de la Ma (*a*) a son arceau refait; on y pratique des créneaux et des *batailleries* (92); cinq gros queyrons de la carrière de Laneplan (*b*) sont employés à ses montants (92); deux charretées, d'autres queyrons (82) et beaucoup de ribot y sont employés (59, 89), et la porte en bois est refaite à neuf (92). On refait aussi les portes en bois du Sault et de la Porte-Pinte (51); le Sault est muni de créneaux (65). On mure la porte de la Poterne (72). On ferme des créneaux et on fait encore des batailleries en quelques endroits (82). On place du bois et des barriques pleines de terre sur les murs (61, 77). On fait un gabion parce que les huguenots menaçaient d'assaillir la ville (59).

III.

D'un autre côté les jurats font faire de l'artillerie; ils en demandent et ils en empruntent; en un mot, ils arment et ils approvisionnent la ville le mieux qu'il leur est possible.

Deux religieux traitent pour fondre huit pièces; ils y travaillent pendant 40 jours et sont logés, ainsi que nourris, chez Simon Chauvin qui reçoit 26 l. 2 s. pour leur dépense les 9 juillet et 6 novembre (55, 90, 63) (*c*). On établit un atelier pour

---

(*a*) Cette porte est ailleurs désignée comme porte de la rivière parce que la Garonne était en gascon appelée la *mar* ou la *ribeyra*; mer, rivière.

(*b*) Du nom de son propriétaire : Laneplan, procureur à Gironde.

(*c*) Nous avons le regret de ne pouvoir indiquer ici à quel ordre appartenaient ces religieux; les déclarations ne les désignent que sous la dénomination générique de

les moules de l'artillerie dans l'église St-Nicolas (54,57,81); ailleurs il est dit que c'est à St-Martial 56 (a) ; 31 bandes de fer y sont employées (90) une presse aussi en fer est jointe au fourneau. (90). On coupe du bois et on fait du charbon dans la forêt du prieur, à Saint-Hilaire ; le 16 juin, on est obligé de faire passer le bois par dessus la muraille pour l'apporter à l'église de St-Nicolas, la porte des Menuts étant sans doute murée. (54). Les bouviers se refusaient à porter le charbon, il faut les faire assigner par des sergents (58). Des *endortes d'aulaney* (liens de noisetier) servent à construire le fourneau ; il en est pris dans les taillis du procureur du roi de Bazas et avec son autorisation. (55,56,89). Des *barquins* (soufflets) (b) sont établis pour faire fonctionner le fourneau (83,91); une quantité de 2,701 l. de cuivre neuf et vieux est achetée pour adoucir le métal en

---

frères, mais s'ils eussent appartenu à l'ordre de Saint-Benoît, à celui de Saint-Dominique ou à celui de Saint-François, ils auraient été logés dans l'un des couvents de la ville dépendant de ces ordres, plutôt que d'être logés chez Simon Chauvin.

(a) M. Dupin avait bien parlé, dans sa *Notice*, p. 88, d'une chapelle de l'église Saint-Michel qui avait été placée sous le vocable de *Saint-Nicolas*, mais il n'avait pas fait mention d'un édifice consacré à *Saint-Martial*. Nous avons eu recours à son érudition et à son extrême obligeance pour avoir son avis sur ce point et voici la réponse qu'il nous a fait l'honneur de nous adresser le 10 mai 1867 : « Il est évident, d'après les comptes de Pierre Se-» guin, que la fonderie de canons fut établie sur l'empla-» cement de Saint-Nicolas (église primitive), et je pense » tout comme vous, que ce jurat aura indifféremment dé-» nommé ce lieu *Saint-Nicolau* et *Saint-Marsau* en » 1562, sans doute parce qu'il aurait existé ancienne-» ment dans cet édifice une chapelle consacrée à l'apôtre » de Limoges »

(b) Le mot *barquins* appartenait au dialecte gascon ; nous en trouvons une preuve évidente dans le manuscrit de Pierre du Grava, appartenant à la Fabrique de Saint-Michel de Bordeaux, et où nous lisons cette mention à la date du 15 février 1490, f° 46 : « Item, plus paguey à » mossen Peys Beguey lodeit jorn per *bouffar los bar-quins* deudeit orgue .. », laquelle nous traduisons ainsi : « Item plus payé ledit jour à M. Pierre Beguey pour » *gonfler les soufflets* dudit orgue .. ». Il serait difficile de rencontrer rien de plus exact, ni de plus applicable.

fusion (90). Deux pièces sont fondues à St-Martial (57). On fait et on arrange les boites pour mettre l'artillerie (54,87). Six paires de roues sont faites pour la monter (91). Le fourrier d'Eymet va à Bordeaux pour recevoir huit pièces offertes par Burie (79).

Le 14 juin 1562, des soldats de Saint-Macaire escortent jusqu'à Barie ces canons, que l'on apporte dans des galions et des couraux (60,79). Mathelin Bages, menuisier, monte une pièce et fait les patrons de quatre autres (57). Le serrurier Hollet fait trois serpentines et d'autres objets pour des arquebuses qui sont remises au capitaine du château (76). On descend une grande pièce garnie de ses roues : on l'emmène au devant de l'hôpital (86). On paye à Chastilhon, maître apothicaire de Bordeaux, 25 l. pour la location, pendant trois mois, de huit pièces d'artillerie ; plus 44 l. 5 s! pour le prix convenu de deux de ses pièces *qui se sont rompues* (93).

IV.

La poudre, le plomb et les *cordes de morche* (mèches) étaient achetés à divers, entreautres à Simon Chauvin, à Duvignau, etc. (65,82) ; Chauvin semble même avoir été une sorte de fournisseur spécial et s'être trouvé chargé d'une mission particulière pour ce qui avait trait à l'artillerie, aussi est-il qualifié de *canonier*, et de *columbrinaire* (a) (53,55,65,82). On député auprès des jurats de St-Macaire pour en avoir de la poudre et dans la prévision que ceux-ci pourraient n'en être pas suffisamment approvisionnés, il est décidé que l'on ira en chercher à Bordeaux (53) ; on en reçoit de cette dernière ville une barrique (78). On achète, en plusieurs circonstances, du plomb pour faire des boulets et des balles ; notamment trois quintaux en une seule fois (62). On arrache le plomb de la fontaine des Menuts (59).

V

Aux travaux de défense dont nous avons parlé, aux approvisionnements que nous venons de dé-

---

(a) Fabricant ou marchand de couleuvrines, arquebusier.

caire, les magistrats de La Réole ajoutèrent les mesures que nous allons indiquer :

Pour la conservation de la ville et du château, ils firent d'abord recruter quelques hommes dans les environs : à St-Hilaire, à Mesterrieux et ailleurs; les nommés Riballle, Estaigney et Clouet étaient leurs recruteurs. Ces soldats improvisés étaient soldés à tant par mois ou par jour. Pierre Seguin en loge et nourrit dix pendant trois jours (47, 48, 49). Le 8 janvier 1561, quatre hommes reçoivent 15 s. pour avoir gardé le château pendant quatre nuits, de l'ordre de Burie (68); trois hommes sont payés le 24 avril 1562 pour le même service (70); 15 hommes sont employés à garder les portes le jour de l'Ascension (64), et le jour de la Fête-Dieu, on garde particulièrement les portes pour que les huguenots ne puissent entrer dans la ville (64.) Les habitants de la juridiction viennent faire la *montre* dans la ville (61). Le capitaine du château et le jurat de Legis vont auprès de Burie afin d'en obtenir la permission d'avoir certains soldats dans la ville pour *l'assurance d'icelle* (70). Les jurats demandent d'abord cent hommes de garnison à ce seigneur (88); puis ils paraissent se restreindre à 50 hommes (89). Leur demande est accueillie, car ils écrivent à Eymet de leur amener les cent hommes que Burie avait mis à sa disposition (70) On établit des gardes aux portes de Gironde, du Martouret, des Menuts, de St-Martin, du port Soubiran et de la Ma (69); des dizainiers sont chargés du service de ces portes (67).

Eymet est prévenu par un exprès qu'on lui expédie, de prendre ses précautions, attendu que les huguenots sont allés de Gironde à Langon (51). Les capitaines Lamothe, oncle et neveu, arrivent avec quelques soldats (71). Après eux, Eymet et sa troupe entrent en ville; Eymet loge chez Seguin (49). Nous sommes au 1er mai 1562 : Eymet et les Lamothe reçoivent pour leur souper deux aloses et une grande carpe (71). Les 500 soldats d'Eymet restent à La Réole depuis ledit jour 1er mai, jusqu'au 31 juillet suivant (62). Le 7 du même mois de mai, Jean Orgier est envoyé à

Bordeaux pour demander à Burie, la ville étant chargée de 400 soldats (*a*), qu'il voulut bien faire sortir ceux de Lamothe (72).

Le 9 dudit mois, Sauteyron, Eymet et l'un des Lamothe, escortés d'un grand nombre de soldats, vont à Bordeaux pour entretenir Burie de la charge des troupes que supportait la Réole. (72). Les Lamothe et leurs soldats se retirent après être restés dix jours en ville (72). Les jurats de Saint-Macaire apprennent à leurs collègues de La Réole, que le capitaine de Monbadon vient à leur secours à la tête de sa compagnie (52); ils leur annoncent aussi que quarante arquebusiers de Saint-Macaire vont leur venir en aide contre ceux de la religion (70); par une autre lettre, ils leur offrent cinquante arquebusiers, si besoin est. (74). Le 8 juin, de Monbadon est à Langon; on le prie de se hâter pour arriver à temps à La Réole (53). Les compagnies de Monbadon et de Lamothe sont devant la ville (73). Le 10 juin du même mois, la ville fait porter à ses frais douze soldats de la compagnie de Monbadon à Langon (79). Le 12, le capitaine Labernatière, accompagné de plusieurs soldats, vient de Langon à La Réole; puis il en repart pour aller à Bordeaux parler à Burie (79, 80); le 26, ce dernier le mande auprès de lui (58). Du 1er août au 21 octobre 1562, Razac et Sauteyron, ainsi que leurs compagnies, séjournent à La Réole; ils formaient un contingent de 60 hommes (63).

A ces corps quasi réguliers viennent, de temps en temps, se joindre quelques troupes qui accourent aider les catholiques : d'abord 50 hommes pour la réfection desquels il est payé 2 l. 7 s. (83); puis, le 19 mai, 200 hommes de la commune(*b*), en armes, qui reçoivent à boire pour 4 l. 2 s. 10 d. (73), et, après le siège, les gens de la rivière (*c*), lesquels vont à Mongauzy croyant y rencon-

---

(*a*) Ici le chiffre n'est que de 400 soldats, tandis que plus haut il est indiqué comme s'élevant à 590.

(*b*) Par *commune* on entendait la *population* entière.

(*c*) Les *gens de la rivière* étaient ceux de Fontet, Blagnac, Floudès, etc., etc.

trer Desappas, et acceptent en passant une collation dont les frais s'élèvent à 6 s. (61).

VI.

La présence des chefs, de même que celle des soldats, qui passaient ou séjournaient à La Réole coûtait assez à la ville. Ainsi Burie y vient pour raison des troubles suscités par les huguenots ; il loge avec son train chez le receveur Gascq (a) et les jurats défrayent ce dernier de ce qu'il a déboursé pour héberger le lieutenant de roi (67, 69). Pareille chose se pratique lorsque Monluc passe devant la ville pour se rendre à Gironde et loge chez l'hôte Meric de Lanoue (89). Il en est de même quand le comte de Candale (b) et son train logent chez Brissory : on paye à celui-ci 5 l. 16 s. 3 d. (87). En outre, on donne, en présent, au vicomte d'Uza (c) deux barriques de vin, une de rouge ayant coûté 8 l. 5 s. et l'autre de blanc de la valeur de 3 l. 2 s. 6 d. (85). Eymet et les Lamothe, tant pour eux que pour leurs soldats, dépensent diverses sommes à raison de leur nourriture (71). Les capitaines Razac et Labernatière reçoivent des collations en faisant la ronde : l'une coûte 3 s. 4 d. et l'autre 8 s. ; il est vrai que de la dernière les jurats de Legis et Seguin semblent avoir pris leur part (75, 80). Le prévôt général arrive en ville pour faire justice des huguenots ; on lui offre, en présent, le 23 janvier 1561, deux pots de vin, et le 7 février suivant, 2 *tressanes* (d) de la même boisson (69). Neuf pains d'un sou sont donnés aux pauvres gens de la ville qui faisaient le guet nuit et jour (77). La dépense des soldats qui gardaient le château était aussi à la charge de la ville et il en était

---

(a) Ogier de Gascq, receveur général, qui habitait la maison Deynaut, dans la Grand'rue et où il mourut en 1616. (Notes inédites de M. Dupin.)

(b) Henri de Foix, comte de Candale, tué au siége de Sommières, en 1572.

(c) Louis de Lur, vicomte d'Uza, sénéchal de Bazas, gouverneur de La Réole, mort à La Rochelle, en 1572.

(d) Mesure aujourd'hui inconnue.

payé pour 7 l. 6 s. 2 d. à l'hôte Celerie, suivant quittance retenue par Claverie, notaire (92).

Les pourboire étaient nombreux ; il en était souvent donné à ceux qui montaient la garde le long de la rivière, lieu où plus particulièrement le guet était fait avec soin (78). Cinq barriques de vin sont consommées pour faire boire ceux de la commune qui faisaient le guet ou aidaient aux réparations des portes et des murailles (63). Le 14 juin 1562, on paye le pourboire d'un grand nombre de soldats de Saint-Macaire qui avaient conduit jusqu'à Barie huit pièces de canons envoyées de Bordeaux (79). Deux barriques de vin sont données aux marins des galions qui portaient de l'artillerie à Marmande et aux gens de l'escorte qui la conduisaient (63).

Enfin Monluc, (*a*) ayant son camp à Puybarban, au mois de juillet 1562 (du 4 au 11), les jurats lui envoient diverses choses (*b*), entre autres dix-sept cent vingt pains grands et petits, pris chez les habitants et tels qu'ils étaient (63) ; trois tonneaux de vin, à 30 fr. le tonneau (63) ; une certaine quantité de vin blanc (86) ; un mouton, un chevreau gras, deux paires de gros chapons, deux autres paires de chapons moins gros, trois quartiers de veau, et dix poignères d'avoine. (83, 84, 85). On paye d'autre vin qu'il avait consommé. (86). Trois individus lui sont envoyés pour porter certains coffres (83) ; de plus six *saumatiers* sont expédiés, sur sa demande, à Langon (85). Le 28 juillet (*c*), on lui envoie à son camp de Gironde un quartier et demi de veau et deux poulardes ; on paye aussi cinq poignères d'avoine pour les chevaux (87). Le 11 août, on paye encore deux poignères d'avoine pour ses chevaux et ceux de Burie (88).

Il n'est peut-être pas hors de propos de faire ob-

(*a*) Blaise de Monluc, pourvu d'un commandement spécial en Guienne, maréchal de France en 1574, mort en 1577.

(*b*) *Commentaires* du même Monluc, tome III, p. 106.

(*c*) La bataille de Targon avait eu lieu le 26 (Lacolonie, tome II, p. 6) et Monluc était à la poursuite des huguenots, dont il fit pendre 70 aux pilliers de la halle de Gironde. (*Commentaires*, tome III, p. 121).

server ici ce que les jurats de La Réole payaient alors les vivres qu'ils achetaient pour les personnes qu'ils hébergeaient.

Bœuf : 2 sous la livre ; mouton : 3 sous la livre ; lard : 2 sous la livre ; une paire de poules : 3 sous ; une alose : 15 sous ; une autre alose : 8 sous ; une alose salée : 7 sous ; une autre alose salée : 6 sous ; une anguille : 2 sous 6 deniers ; saumon, deux pièces : 15 sous ; une carpe : 4 sous 2 deniers ; un tiers d'once de canelle ; 3 sous : un tiers d'once de poivre : 6 deniers. (49,50).

VII.

Après le siège de La Réole et même après la prise de St-Macaire, Burie fait poursuivre Duras et, à ces fins, il expédie de l'artillerie à Marmande ; des galions ou bâteaux de la Dordogne portent cette artillerie ; ils arrivent devant La Réole ; les jurats fournissent des patrons qui connaissent la rivière, ceux de la Dordogne pouvant occasionner des avaries (64). D'un autre côté le comte de Candale envoie, le 16 juillet, 40 bœufs pour traîner les canons qu'il dirigeait sur Monségur ; mais l'artillerie à ce destinée n'étant pas encore arrivée à La Réole, les bouviers sont obligés de se retirer à Labarthe (59). Le 28 du même mois, on emploie quinze hommes à ôter le renforcement de terre qui avait été fait derrière la porte des Menuts ; on l'ôte pour faire passer l'artillerie que l'on expédiait à Monségur à l'aide de seize bouviers (87). Le 29, six charretées de boulets et de poudre sont envoyées au même lieu (88), mais les bouviers dont il est avant mention, n'ayant sans doute pas suffi pour traîner toute l'artillerie à Monségur, les jurats sont obligés d'envoyer, le 11 août, un sergent aux consuls de Lamothe, pour leur faire sommation de fournir un certain nombre de bœufs, afin d'opérer ce transport (88).

VIII.

A cette époque les magistrats et les habitants de La Réole étaient toujours sur le qui vive, et maint sujet d'inquiétude les tourmentait. On voit de Legis obligé d'aller à Bordeaux pour suivre le procès de l'élection des jurats (47). Dès le mois de mai 1561, les huguenots tiennent une assemblée chez le contrôleur Desappas ; on informe contre eux (64). Au mois d'août suivant Héliot de La Courtiade va porter à Burie, un procès-verbal dressé au sujet de l'enlèvement de sept échelles de Berthomieu de Larquey (66). Le jour de la Toussaint, ceux de la religion commettent plusieurs excès, et il en est dressé procès-verbal que le juge Pichard et le procureur du roi vont porter à Burie, le 22 décembre suivant (68). Dans ce dernier mois, ils veulent encore s'assembler, et les jurats demandent à Burie qu'il engage Desappas à ne pas faire cette assemblée. (67). Le 23 du même mois (a), l'église de Saint-Jean de Bazas est *défaite*, et les jurats de La Réole envoyent un messager à la suite de deux bateaux chargés de huguenots (68). Le 13 janvier 1561, le procureur du roi est invité à aller à Bordeaux pour informer Burie de ce que les protestants voulaient faire leur cène à La Réole et le prier de s'y opposer, parce que ceci pourrait occasionner un grand scandale (68). Le prévôt général vient faire justice des huguenots ; sa présence est constatée les 23 janvier et 7 février (69). A la suite du siége on informe contre ceux-ci, à cause de ce qu'*ils ont campé devant La Réole* et on expédie les informations à Burie (80).

IX.

La correspondance des jurats était assez active ; ils écrivaient souvent à Burie et à Monluc : les déclarations que nous résumons mentionnent six lettres adressées à Burie, cinq à Monluc et une à Noailles (b) (75,78,179,80,83,84,86) ; pour deux d'entre elles, les 30 mai et 13 juin, les messagers sont obligés de passer par les Landes et par Fargues, afin d'éviter les huguenots qui étaient sans doute à Gironde (79). On écrit aussi une lettre à Saint-Mégrin, à Tonneins, et on envoie l'apporter le nommé Saint-Marc (79). Ce service était fait par

---

(a) Cette date confirme parfaitement celle énoncée par O'Reilly dans son *Essai sur l'Histoire de Bazas*, p 133.

(b) Antoine de Noailles, gouverneur de la ville de Bordeaux, mort en 1562.

des hommes hardis, rusés, et toujours rétribués par la ville : l'un d'eux était bossu et s'appelait Gabarroche. Une autre sorte de messagers, que l'on appellerait probablement aujourd'hui des espions, étaient aussi envoyés en divers endroits pour s'enquérir de la situation et des projets des huguenots : ainsi, Carrot va à Mongauzy (74); Mondon à Marmande (66); Cartoret à Lamothe (74) et deux autres dont les noms ne nous ont pas été transmis, sont expédiés à Gironde (85) et à Tonneins (69).

X

Avant, pendant et après le siége, des événements importants et de diverses natures eurent lieu à La Réole. Nous remarquons dans les mêmes déclarations ceux qui nous paraissent les plus susceptibles d'êtres signalés ; en voici la nomenclature :

Le lieutenant Lavaissière (a) et le procureur du roi François Orgier, allant à Bordeaux, furent pris à Gironde et gardés prisonniers par les huguenots(52); le 22 mai 1562, on négocie pour obtenir leur liberté (52); le 29, le fils de maître Vidau porte une lettre à Orgier, en prison, au même lieu de Gironde (77); le 14 juin, on remet pour ce dernier 2 écus sol à Jean Orgier(80); le 16 juillet, on donne 6 l. à Mondine de Castera, sa femme, pour qu'elle les lui fasse parvenir (86) et le 15 août, Me Guilhois est chargé d'aller solliciter les affaires dudit Orgier encore prisonnier des huguenots(89). Ceux-ci s'emparent des moulins de la Garonne et, pour ceux qu'ils ne peuvent garder, ils en emportent les *madilhes* (62). Le moulin du contrôle (ou peut-être du contrôleur) qui avait été descendu devant la ville, est remonté en amont pour qu'il ne tombe pas en leur pouvoir (83).

Le 25 avril de la même année, la garnison s'était emparée d'un gabarrot chargé de méteil appartenant aux protestants de Meillan (70). Un huguenot est tué par les soldats qui faisaient le guet;

(a) Blaise de Lavaissière, lieutenant du juge royal. (Notes inédites de M. Dupin.)

on paye 4 sous à Richel et à Cappol pour l'ensevelir (78). Eymet et Gaultier (a) sont tués (b) ; le 24 mai, on paye à Gaussein, l'apothicaire, les cierges qu'il a faits pour leur enterrement (54) ; le 28, on paye aussi à l'hôte Esterlin, la dépense faite chez lui par ceux qui avaient porté leurs corps de Fontet en ville, (77) ; le 10 juin, du Faigna inscrit sur son registre 5 s. 6 d. pour chandelles de cire employées pour leurs honneurs funèbres (79) et le 19 du même mois, le payement de cinq aunes de taffetas noir qui ont servi à rendre les mêmes honneurs (80). Le vicomte d'Uza succède à Eymet, par commission de Burie (62). La commune de la rivière se réunit le 13 août : elle tue un huguenot et conduit en prison le nommé Duguytons qu'elle accuse d'avoir reçu et nourri les religionnaires. (64).

XI.

Plusieurs autres faits sont également consignés dans les déclarations de Seguin et de du Faigna, entre autres les suivants :

Cent cinquante hommes font la *ronde de mai* dans la ville et ils font aussi le guet. On prend Antoine Vacquey dans la nuit du 20 juin 1561 (65) et celui-ci est emmené à Burie par Lacortiade, escorté de six hommes, le 19 août suivant. (66). La reine de Navarre (c) veut qu'il y ait un ministre à La Réole ; les jurats prient Burie, le 31 août de la même année, de vouloir bien s'y opposer. (66). Les huguenots suscitent des troubles en ville et, le 13 septembre de ladite année, Jean Orgier et Pierre de Majance vont solliciter Burie d'y mettre

---

(a) Charles de Gaultier, fils d'Antoine de Gaultier, conseiller au Parlement.

(b) Le plumitif de l'audience du Parlement énonce, à la date du 8 octobre 1562, que c'était le 20 mai, et dans les causes d'opposition produites au conseiller de Baulon le 5 novembre suivant, il est dit qu'ils furent *inhumainement et prodictoirement meurtris et homicidés le mercredi après la fête de Pentecôte*, ce qui, l'année 1562 ayant eu sa fête de Pâques célébrée le 29 mars, se trouvait réellement être le *mercredi 20 mai*.

(c) Jeanne d'Albret, mariée à Antoine de Bourbon Vendôme, morte en 1562.

ordre par quelque mesure efficace (66); le 20 du même mois, on fait le guet pour qu'ils n'entrent pas en ville (66).

Le 6 novembre, il se tient une assemblée où il est décidé que ceux de la religion vivront désormais en gardant et observant, de point en point, les édits du roi (66). Le 16 décembre, Burie ordonne de faire bonne garde (67) et le 22 du même mois, le juge Pichard et le procureur du roi vont porter au lieutenant de roi les informations faites au sujet des troubles qui ont eu lieu à La Réole le jour de la Toussaint (68). Au mois de juin 1562, on abat le bois de la Recluse et le produit en est apporté à la maison de la ville (56). Le 8 juillet, la compagnie de cavalerie de Burie passe la rivière tout le jour (84). Le 5 août, Pierre Seguin rend ainsi compte des difficultés qu'il a éprouvées pour parler à Burie : il va d'abord à Montilhac (Montignac, section de Monségur ?), mais Burie, voulant se mettre à table pour souper, renvoie Seguin au lendemain matin ; ce dernier revient coucher à La Réole. Le lendemain, il retourne à Montilhac ; il est renvoyé à Sauveterre où devait dîner Burie ; le dîner étant renvoyé à Rauzan, il lui faut aller en ce dernier lieu où, après le repas, le lieutenant de roi lui dit que l'on pouvait laisser entrer les femmes des huguenots, pourvu qu'elles promissent de vivre comme le roi le commandait (60). Le 11 août, il est payé 20 sous à deux carriers pour avoir démoli la chapelle de la Recluse, afin d'en utiliser la pierre à la restauration de la porte de la Ma (88). Le même jour, Louis de Legis va joindre Burie pour que l'étape soit mise en la ville (88) et le 31, Jeannot Deney reçoit 5 l. 4 s. pour avoir sonné le *tabourin de Souysse* depuis le 18 juillet jusqu'au 24 août (89).

Dans les payements effectués, il est fait mention de monnaies dont voici la dénomination et la valeur :

Double ducat à deux têtes, 5 l. 12 s. 6 d.; noble à l'anneau, 5 l. 12 s.; angelot, 4 l. 4 s.; réale, 4 s. 2 d.; teston, 0 s. 4 d.; ducat à la potence, 17 s. 6 d.; demi-angelot, 2 l. 2 s.; pistolet, 2 l. 9 s. (54 et suiv.)

XII.

Dans ces déclarations on trouve les noms des divers personnages qui ont paru avoir occupé certaines fonctions ou joué un rôle dans la cité Réolaise, en 1561 et 1562 ; nous les reproduisons ici par ordre alphabétique.

Baulon. Bazas (le procureur du roi et les jurats de). Burie, lieutenant de roi en Guienne.

Cambes (voyez Eymet). Candale (le vicomte de). Castera (Mondine de). Chastillion. Château (le capitaine du). Chauvin. Claverie, notaire. Cortiade.

Deney, tambourin. Desappas (Louis). Dufaigna (Vincent, jurat). Duguytons. Duras (Symphorien de).

Eymet (voyez Cambes). Faigna (du) (voyez Dufaigna). Faugna, fourrier d'Eymet.

Gasc (de), receveur. Gaultier (Charles de). Gaussein, apothicaire.

Jamin. Jurats de Bazas (voyez Bazas). Jurats de St-Macaire (voyez St-Macaire).

Labernatière, capitaine. Lagarde. Lalanne. Lamothe oncle, capitaine. Lamothe neveu, capitaine. Lavaissière (Arnaud de). Lavaissière (Blaise de), lieutenant du juge. Laviovalle. Legis (Louis de), jurat. Lornes (de). Lur (Louis de), gouverneur de La Réole. La Cortiade ou La Courtiade.

Majance (Pierre de). Mauvezin (de). Monbadon (de), capitaine. Monluc (Blaise de).

Navarre (la reine de). Noailles (de).

Orgier (François), procureur du roi. Orgier (Joseph). Orgier (Jean).

Pichard, juge. Prévot général (le). Procureur du roi de Bazas (voyez Bazas). Puy (le procureur du).

Rasteau, sergent royal. Razac, capitaine. Recteur de St-Martin. Reine de Navarre (voyez Navarre). Religieux fondeurs. Rivière (Jean). Roquebrune (de).

Saint-Macaire (les jurats de). Saint-Martin (le recteur de). Saint-Mégrin. Sabourin. Sauteyron (Arnaud). Sauteyron, capitaine. Seguin (Jean). Seguin (Pierre). Sénéchal (le).

Termes (de).

Uza (le vicomte d').

Vacquey (Antoine). Vernet (Arnaud du).

—

Tel est le résumé des déclarations des jurats Seguin et du Faigna.

Nous eussions bien voulu y découvrir la durée exacte du siége que La Réole eût à soutenir contre Duras, mais rien ne nous a mis à même de préciser l'époque de ce fait d'armes.

Le procès-verbal d'enquête dressé par le conseiller de Baulon, à cause de la prise de St-Macaire, et dans lequel nous avons trouvé les textes des déclarations de Seguin et de du Faigna ne nous dit pas un mot à ce sujet ; seulement on y lit que le procureur des jurats de La Réole exposait, le 31 octobre, que Duras avait mis le siége devant la ville sur les instigations de huit personnages du pays, savoir : Louis Desappas, contrôleur; Étienne Desclaux, apothicaire ; Etienne Dumas, dit le prince; Pierre Malereau, gendre de Bernadin Dupin ; Laporterie père et fils ; tous de La Réole; Gaillard Duvignau, de Castillon en Bazadais, et Thomas de Castera, de Casseuil ; que ce siége remontait à environ six mois et que la canonnade avait duré huit jours et plus.

Monluc, lui-même, ne pouvait guère mieux nous fixer, car il s'est borné dans ses *Commentaires*, tome III, p. 105, à nous expliquer très sommairement que, venant de battre les huguenots, à Feugarolles (a), il campa vis à vis de La Réole, où Duras avait mis le siége quelques jours auparavant, mais sans succès.

(a) Canton de Lavardac, arrond. de Nérac (Lot-et-Garonne.)

Or, quoique le vieux maréchal, n'ait pas songé à le dire, il est facile d'assigner aux premiers jours de juillet, le temps d'arrêt qu'en accourant secourir Bordeaux, il se crut obligé de faire en vue de La Réole, à Puybarban.

Force donc, en rapprochant quelques unes des dates et certains des faits précités, surtout avec la certitude que nous avons que Duras prit St-Macaire le 28 juin, force nous est, disons-nous, de laisser le lecteur dans l'incertitude quant à l'époque et à la durée de la canonnade supportée par La Réole en 1562, tout en l'assurant néanmoins que le siège dont il s'agit eût lieu en mai ou juin de cette année.

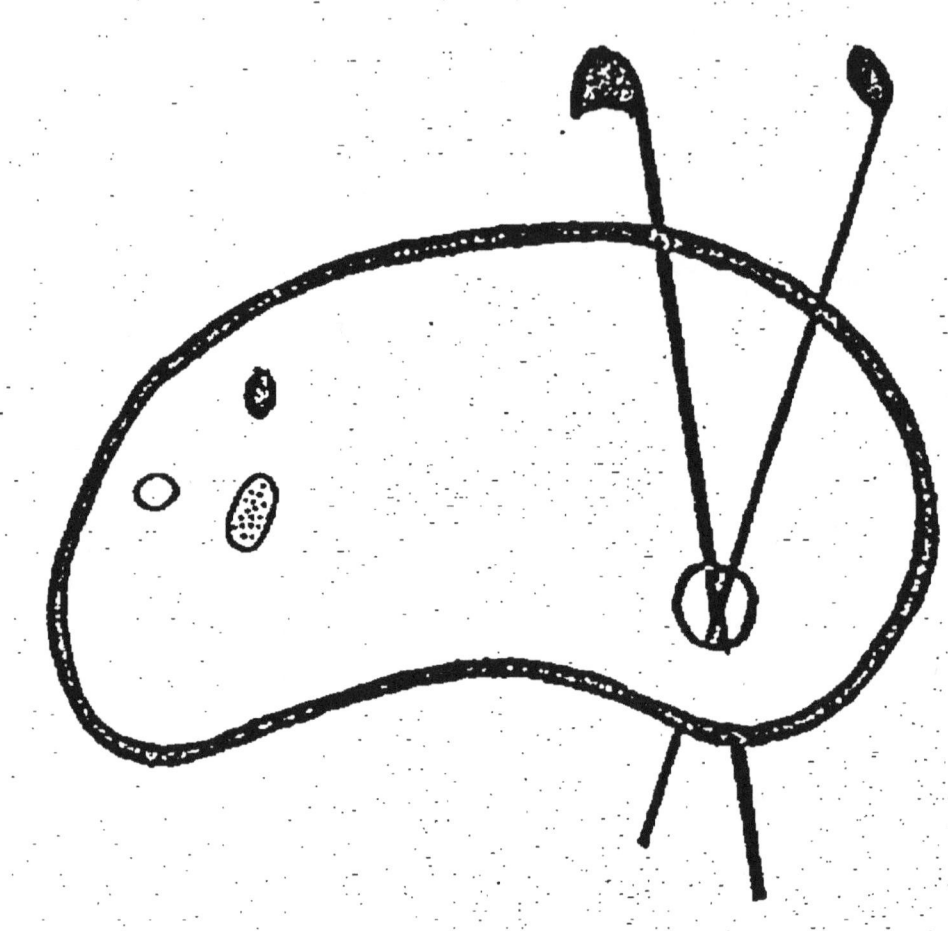

ORIGINAL EN COULEUR
NF Z 43-120-8

www.ingramcontent.com/pod-product-compliance
Lightning Source LLC
Chambersburg PA
CBHW060611050426
42451CB00011B/2193